Les Romains

Table des matières

Jérôme Lescarret
Agrégé d'histoire

Les Romains

Illustrations de Stevan Roudaut

Éditions Jean-Paul Gisserot
www.editions-gisserot.com

La louve romaine

Aux origines de Rome

La tradition mythologique fait de Romulus le fondateur de Rome en 754 - 753 avant J.-C. Un groupe de Troyens, menés par Enée, aurait fui leur ville prise par les Grecs.

Après un long voyage narré par Virgile dans L'Enéide, ils arrivèrent dans le Latium, la région de la future Rome. Enée fonda une dynastie royale qui s'établit plus tard dans la cité d'Albe. L'un de ses descendants, le roi Numitor fut renversé. La nièce de celui-ci, Rhea Silvia, une vestale*, fut charmée par Mars, le dieu de la guerre, dont elle eut des jumeaux, Romulus et Rémus. Mais elle dut les abandonner sur le Tibre. Ses enfants furent recueillis sur les berges du fleuve par une louve puis par des bergers. Devenus grands, ils rendirent son trône à Numitor et partirent fonder un nouveau village sur les lieux de leur rencontre avec la Louve. Romulus appela la nouvelle cité : Rome.

À la suite d'une dispute, il tua son frère et organisa la Ville en lui donnant des institutions.

Cette histoire demeure une légende. Les recherches archéologiques ont montré que Rome était effectivement un site ancien. Cependant, il est difficile d'affirmer avec certitude que Romulus fut un personnage réel. Rome fut sans doute le résultat de la rencontre de plusieurs peuples.

** Vestales : prêtresses de Vesta, elles devaient rester chastes et entretenir le feu sacré de la cité. En cas de faute, elles étaient enterrées vives.*

Rome et l'Italie du VIIIe au Ve siècle avant J.-C.

Rome était un petit village. Elle fut tout d'abord gouvernée par des rois au pouvoir absolu et aux fonctions religieuses importantes. Le peuple romain, quant à lui, était divisé en grandes familles, les *gentes*. Ceux qui n'en faisaient pas partie étaient membres de la plèbe et comme ils étaient sans doute des nouveaux venus, ils n'avaient pas les mêmes droits que les descendants des fon-

Tombeau étrusque

dateurs de la cité. À partir du VIIe siècle avant J.-C., les Rois de Rome furent d'origine étrusque.

Les Étrusques étaient un peuple voisin vivant au Nord de Rome ayant développé une civilisation raffinée. Tarquin le Superbe fut le dernier roi. Il fut renversé en 509 car il se conduisait en tyran.

Cela en était fini de cette dynastie. Un nouveau régime politique fut mis en place : la République. Il ne s'agit pas d'une démocratie, mais d'un régime aristocratique dominé par le patriciat*. La plèbe n'avait aucun droit. Elle se révolta en 492-493 avant J.-C. et obtint la création de magistrats, les tribuns de la plèbe, chargés de la protéger. Le régime se démocratisait, mais il était toujours dirigé par le Sénat : le conseil des anciens consuls et des grandes familles.

** Patriciat : il regroupe les membres des plus anciennes familles de Rome, dont au moins un ancêtre a exercé la plus haute charge politique : le consulat.*

Un magistrat romain

La lutte pour dominer l'Occident méditerranéen

Au IVe siècle avant J.-C., les Guerres Samnites permirent aux Romains de s'imposer en Italie centrale. Rome se constituait un Empire. Or, un autre grand État maritime existait en Méditerranée occidentale : l'Empire carthaginois ou punique, dont la capitale était Carthage.

Après avoir conquis tout le Sud de l'Italie sur les Grecs, Rome ne pouvait, en 265, que s'opposer à cet Empire qui contrôlait une partie de la Sicile. En trois guerres et un peu plus d'un siècle, Rome s'est imposée et a détruit

Carthage. L'épisode le plus connu est l'attaque de l'Italie par le général carthaginois Hannibal, lors de la seconde guerre punique de 218 à 201.

Carthage, ayant perdu la première guerre punique et la Sicile, s'était rabattue sur de nouvelles terres en Espagne. Hannibal voulant venger son père, général vaincu, réussit à se faire donner une armée complète avec des éléphants destinés à charger et à impressionner les troupes ennemies. Il partit d'Espagne, traversa la Gaule et après un long périple, franchit les Alpes pour attaquer l'Italie du Nord. Les Romains furent surpris et connurent de graves défaites.

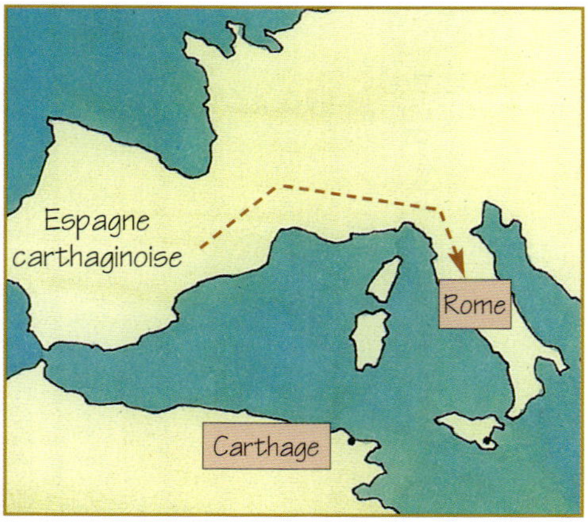

Trajet emprunté par Hannibal

Hannibal ravagea le sol de l'Italie, essayant de convaincre les peuples autrefois vaincus par Rome de se rebeller. Finalement, Rome, grâce à son général Scipion l'Africain, battit Hannibal qui dut se réfugier en Orient. Carthage, humiliée et battue à nouveau, dut payer un lourd tribut pendant cinquante ans à Rome et donner ses navires.

En 149, certains hauts personnages romains, apeurés à l'idée que Carthage puisse se rétablir, décidèrent d'en finir et se lancèrent dans la troisième guerre punique. Carthage fut incendiée et détruite, son territoire annexé à l'Empire de Rome.

La traversée des Alpes par Hannibal

Rome conquiert l'Oikoumène*

Au IIe siècle avant J.-C., Rome ne se contenta pas de régler son sort à Carthage. Elle se lança dans de nombreuses conquêtes. L'appât du gain constituait une motivation importante, car les opérations militaires victorieuses permettaient aux soldats de s'enrichir et aux généraux de gagner de l'influence dans la vie politique de la cité.

Ces conquêtes ont radicalement changé le destin de Rome et les modes de vie. Le luxe fit son apparition et, peu à peu, le paysan-soldat et citoyen, représentant l'idéal de vie des Romains, disparut.

Polybe, un général grec vaincu et fasciné par Rome, écrit : « *L'Etat romain a pu, chose sans précédent, étendre sa domination à presque toute la terre habitée, et cela en moins de cinquante ans.* »

En effet, Rome conquit la Macédoine, alliée de Carthage, en 168, la Grèce fut réduite en province en 146 après la prise de Corinthe dont les remparts furent détruits et les œuvres d'art pillées. Puis, vint le tour de l'Asie** et de l'Orient où les Romains se confrontèrent à un autre grand empire : l'Empire Parthe.

Le général Romain Crassus voulut envahir la Mésopotamie, le cœur de l'Empire ennemi, mais il fut subitement attaqué par l'armée des Parthes et ses chars, dont les roues étaient équipées de lames, coupant les jambes des soldats romains. Le roi Parthe tua Crassus en lui faisant boire de l'or en ébullition.

Certaines régions furent plus difficiles à conquérir : l'Espagne résista longtemps mais dut se soumettre définitivement au Ier siècle avant J.-C. La dernière contrée qui manquait au tableau de chasse des Romains était la riche Gaule Chevelue. César s'en chargea !

** Oikoumène : espace habité pour les Anciens, cela signifie aussi l'Empire de Rome.*

***Asie : pour les Anciens, il s'agit de la partie occidentale de la Turquie actuelle, ou l'Asie Mineure.*

La conquête de la Gaule et ses conséquences

Les Romains dominaient déjà la Gaule Cisalpine* et la Gaule Narbonnaise**.

En 58 avant J.-C., Jules César***, général et gouverneur de ces deux provinces, utilisa l'appel d'un peuple gaulois menacé par les barbares germains pour étendre l'influence romaine en Gaule. La Gaule résista en s'unifiant derrière Vercingétorix, jeune chef arverne****.

En 52, ce dernier se souleva et remporta la bataille de Gergovie. Les Romains se reprirent et écrasèrent l'armée gauloise à Alésia. Vercingétorix, prisonnier, fut exécuté après avoir défilé à Rome lors du triomphe de César, qui devenait alors le principal général romain. Pendant le dernier siècle avant J.-C., la République romaine ne connut que la violence des oppositions entre les généraux : ce sont les « Guerres Civiles ». Les institutions de la République ne fonctionnaient plus correctement car les généraux, comme Pompée ou César, luttaient pour le pouvoir avec

leurs armées dévouées. Le Sénat n'y pouvait rien.

Les nobles monopolisaient les hautes fonctions de l'État et les chevaliers, le monde des affaires, les paysans libres étaient ruinés.

** Nord de l'Italie, la plaine du Pô.*

*** Sud de la France actuelle devenu province romaine vers 120 avant J.-C.*

**** Caius Iulius Caesar (101-15 mars 44 av. J.-C.) réussit à dominer la vie politique de Rome.*

***** Les Arvernes vivaient dans l'Auvergne actuelle.*

Le triomphe de César à Rome

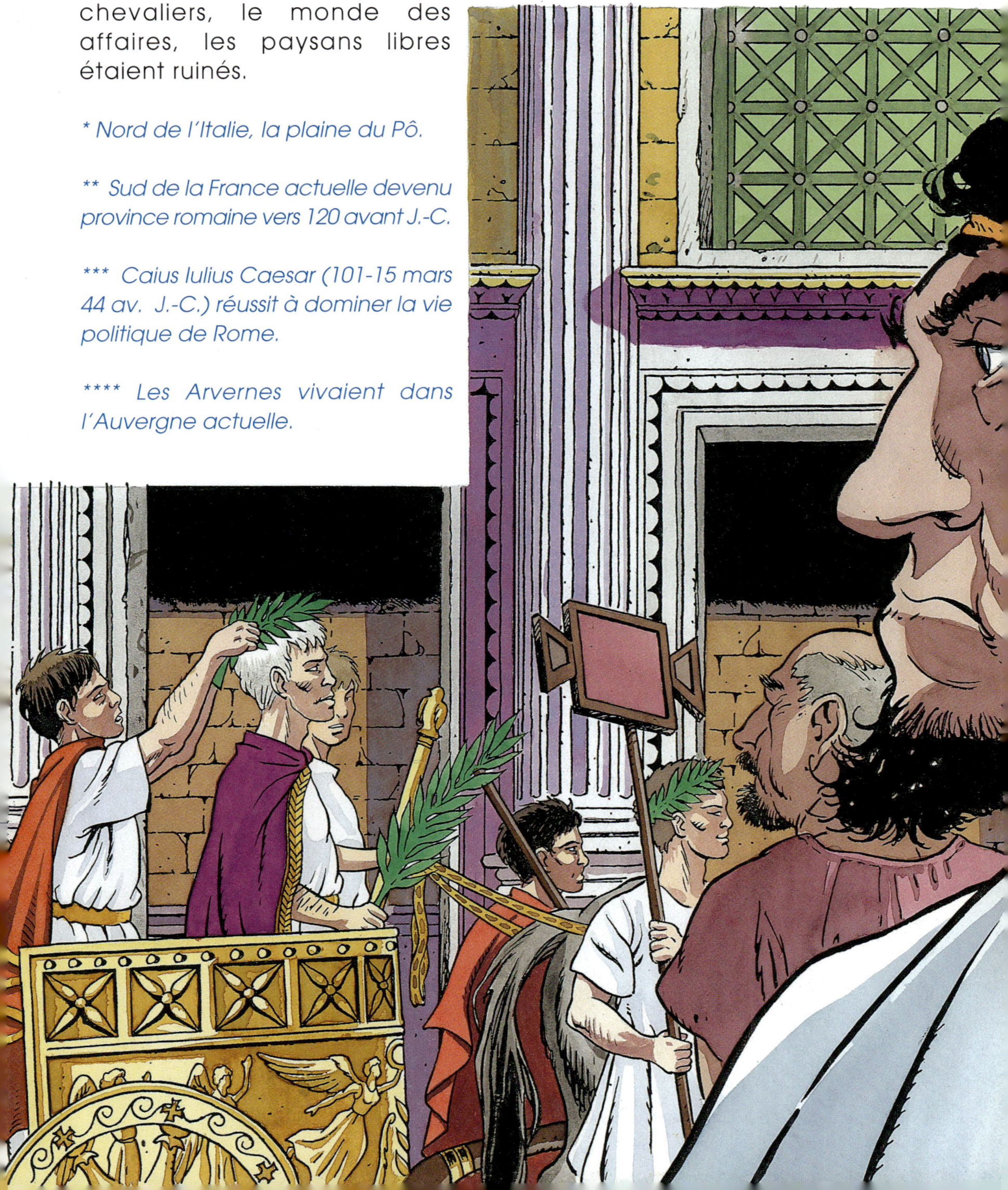

César

Octavien

L'établissement du Principat

Le conflit le plus important pour l'avenir de Rome fut celui entre Marc Antoine et Octavien de 43 à 31 avant J.-C. En effet, César fut poignardé le 15 mars 44 par des opposants, dont Brutus, son fils adoptif, car ils craignaient qu'il ne veuille rétablir la monarchie et renverser la République. Le lendemain, deux héritiers de César étaient face à face : Marc Antoine, ami et général de César, admiré par l'armée, et Octavien*, à peine âgé de 19 ans, l'héritier légitime de César.

Ils préférèrent s'entendre pour éliminer les Républicains, comme le grand orateur et avocat Cicéron, et les assassins de César, puis ils se partagèrent l'Empire pour y rétablir l'ordre. Antoine partit pour l'Orient et y rencontra la reine d'Egypte, Cléopâtre. Celle-ci lui apparut pour la première fois sur son bateau aux voiles de pourpre et aux rames d'argent. Antoine fut transporté d'amour et l'épousa.

Pendant ce temps à Rome, Octavien utilisa une propagande très habile contre Antoine et fit courir le bruit que ce dernier voulait transférer la capitale de l'Empire à Alexandrie, subjugué qu'il était par Cléopâtre. L'opinion romaine fut révoltée et Octavien déclencha une guerre contre la reine. La bataille navale d'Actium, le 2 septembre 31 avant J.-C. sanctionna la défaite de la flotte égyptienne. Antoine se suicida ainsi que Cléopâtre après qu'Octavien l'eut insultée en l'appelant « femme ».

L'Egypte fut annexée en 30. Rome acheva ainsi la conquête du bassin méditerranéen. Quand Octavien rentra à Rome, il reçut un triomphe. Le Sénat le supplia d'accepter la direction de l'État et le titre d'Auguste qui lui conféra un caractère sacré, en le plaçant au-dessus des hommes. Il réorganisa l'État : c'était le début de l'Empire romain.

** Caius Iulius Caesar Octavianus : Octavien ou Octave, né en 63 av. J.-C, mort le 19 août 14 ap. J.-C. Petit-neveu de César et son fils adoptif, il fut le premier empereur romain, sous le nom d'Auguste.*

Antoine et Cléopatre

Claude se cachant lors de l'assassinat de Caligula

Auguste et ses premiers successeurs

De 27 avant J.-C. à 14 après J.-C., Auguste est tout puissant. Il est chef de l'armée, l'*imperator**, il propose les lois, administre l'Empire et est chef de la religion romaine. Toutefois, en consultant le Sénat et le peuple, il maintient l'illusion que la République existe toujours. Son règne marque un retour au calme et à la croissance après les années des guerres civiles. Dans son testament, il rappelle son œuvre et dit qu'il fit de Rome une ville de marbre, montrant ainsi la prospérité qu'il avait rendue aux Romains.

Après sa mort en 14 après J.-C., il devient un dieu par la cérémonie de l'apothéose, organisée par le Sénat. Peu avant sa mort, il avait adopté son successeur, Tibère, preuve que le Principat ou l'Empire, était bien entré dans les mœurs et qu'un retour à la République était désormais impossible, en dépit des empereurs médiocres qui lui succédèrent.

En effet, le premier, Tibère était cassant et soupçonneux, faisant mettre à mort ses opposants. Son successeur, Caligula, fut assassiné en 41, quatre ans après son avènement : il avait voulu dominer le Sénat et les grandes *gentes*. Il a laissé la réputation d'un empereur fou : il aurait par exemple nommé son cheval Incitatus, consul !

Claude, l'oncle de Caligula, fut salué empereur par l'armée alors qu'il essayait de se cacher dans des tentures de peur d'être lui-même éliminé. Son règne fut celui d'un bon administrateur qui sut faire les réformes nécessaires. Il mourut prématurément en 54, sans doute empoisonné par son épouse Agrippine qui souhaitait l'Empire pour son premier fils, Néron, âgé de 17 ans. Elle comptait l'influencer pour gouverner. Néron, homme de culture et artiste, était aussi cruel que généreux. Selon les auteurs latins, comme Suétone qui vécut au IIe siècle, Néron aurait fait incendier Rome pour pouvoir composer un poème et chanter, accompagné de sa cithare, la beauté du feu. Il aurait ensuite fait accuser les chrétiens de ses crimes. Ils les fit massacrer lors de jeux donnés en son honneur. Puis il se débarrassa de sa mère en la tuant.

Il se suicida en 68, parce que les armées des provinces de l'Empire se révoltaient et parce qu'il n'avait plus aucun soutien.

** Imperator : c'est de ce mot que vient le mot « empereur ». Les généraux romains avaient un pouvoir de commandement, l'imperium, et ils étaient salués par leurs hommes lors des victoires : « Imperator ! »*

L'Empereur Néron

Trajan

Hadrien

L'apogée de l'Empire au IIe siècle après J.-C.

Après la mort de Néron, il y eut une grave guerre civile car l'Empereur était mort sans héritier. La dynastie d'Auguste avait pris fin. Les nouveaux empereurs vinrent alors de l'armée.

En effet, les armées saluèrent certains généraux, empereurs. Ils durent ensuite s'imposer. Le IIe siècle fut marqué par la dynastie des Antonins. Trajan fut un grand

Antonin

Marc Aurèle

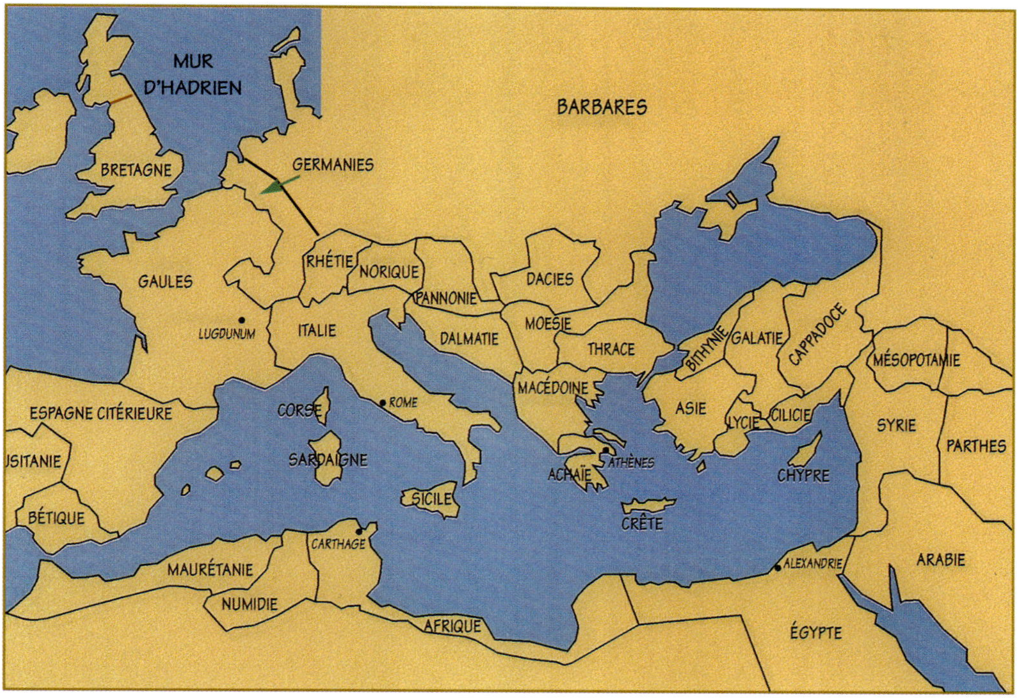

conquérant, il permit l'extension maximale de l'Empire avec l'annexion de la Bretagne*, la partie la plus occidentale de l'Afrique du Nord, la Dacie**, et même la Mésopotamie conquise un moment sur les Parthes. Hadrien et Antonin furent de grands organisateurs de l'Empire. Marc Aurèle représente l'Empereur philosophe soucieux de justice et voulant préserver la paix : la *pax romana*. Pourtant, il mourut au front sur les rives du Danube de la peste.

L'Empire était protégé par le *Limes*, une frontière parfois fortifiée comme en Bretagne avec le mur d'Hadrien qui la sépare de l'Ecosse. Cette paix romaine permit le développement des villes dans tout l'Empire, mais aussi du commerce.

** Bretagne : Angleterre actuelle.*

*** Dacie : Roumanie actuelle.*

Casques romains

Pilum (lance)

La romanisation de l'Empire

Comment Rome, petite cité du Latium en Italie, a-t-elle réussi à s'imposer aux peuples du monde connu de l'époque ? Le principal instrument de cette conquête mais aussi de la conservation de l'Empire fut l'armée romaine. En effet, elle était d'une redoutable efficacité. Elle était devenue permanente sous Auguste avec environ 350 000 hommes en service. Sa grande force était que les volontaires engagés devenaient au bout de vingt ans de carrière, citoyens romains avec tous les

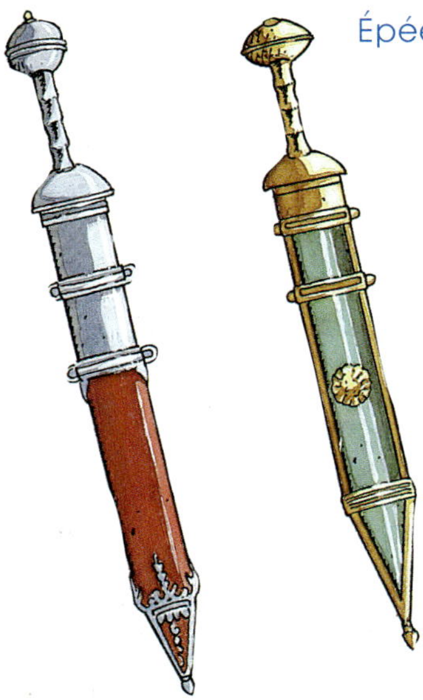

Épées

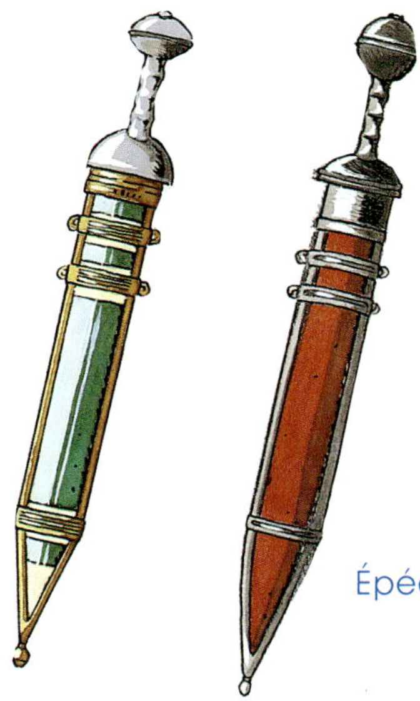

Épées

Soldat romain
surveillant le Limes

avantages que cela représentait : droit de vote, obtention de terres, distribution gratuite de blé à Rome...

L'armée permettait aussi de diffuser la culture romaine et notamment le latin, la langue des Romains. Deux langues principales étaient parlées dans l'Empire romain : le grec dominant dans la partie orientale, et le latin dans la partie occidentale.

La Gaule est devenue la province la plus dynamique d'Occident : les productions gauloises (poteries, draps de laine, bijoux, fer...) étaient exportées dans tout le monde romain. Les villes, comme Nîmes, Narbonne, Lyon, Saintes, se développèrent toutes selon le même plan urbanistique, centré autour du forum.

Pour parfaire cette romanisation, l'Empereur Caracalla accorda en 212 les droits de citoyen romain à tous les hommes libres de l'Empire.

La société romaine

La société était divisée selon plusieurs critères : certains hommes étaient libres et d'autres esclaves. Parmi les individus libres, certains étaient citoyens romains et avaient de nombreux privilèges, les autres n'étaient pas citoyens et devaient payer un tribut. Enfin, parmi les citoyens, certains faisaient partie de l'élite, cumulant pouvoirs politiques et richesses, alors que la plèbe n'avait plus de véritable pouvoir.

L'Empereur et sa famille dominaient toute la société. Puis venaient dans la hiérarchie, les riches familles de la noblesse d'abord de Rome puis des provinces, dont les hommes occupaient les plus hautes fonctions dans l'État, et étaient membres du Sénat où ils conseillaient l'Empereur.

La société était surtout organisée sur la différence essentielle qu'il existait entre les esclaves, instruments animés et doués de la voix aux conditions de vie souvent difficiles, et les ingénus, nés libres. À Rome, la qualité d'esclave n'était pas irrévocable. Souvent, les esclaves achetés jeunes par un Romain étaient affranchis à la mort du maître. Ils devenaient libres, et leurs enfants devenaient citoyens de plein droit. Ainsi, en deux générations, l'esclavage était en partie oublié.

Pourtant, le sort de la plupart des esclaves était difficile, aussi certains se sont-ils révoltés comme Spartacus qui, avec ses troupes rebelles, résista pendant deux années aux armées romaines en Italie du Sud. Battus, 6 000 esclaves furent crucifiés le long de la voie Appienne au sud de Rome.

Un maître et son esclave

Spartacus

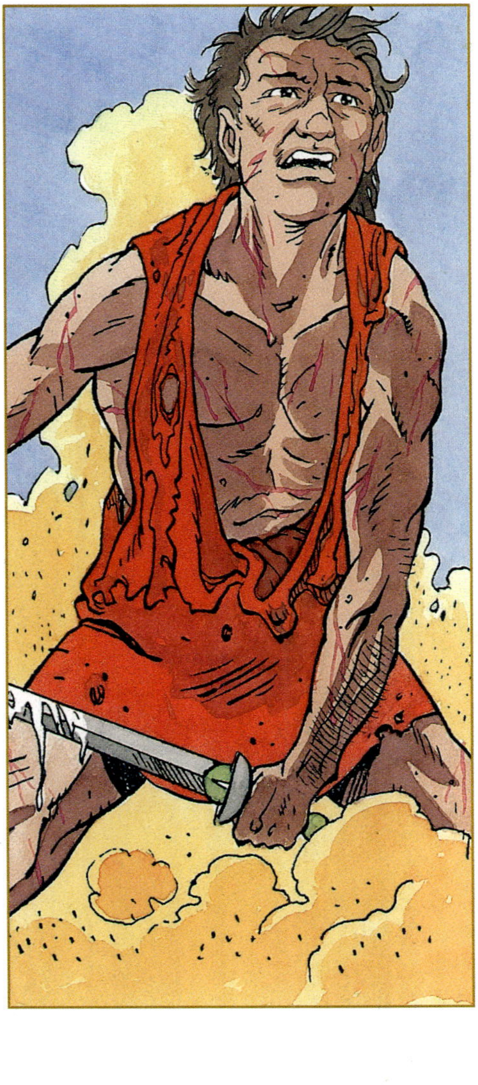

Mosaïque

La vie quotidienne

Les plus riches vivaient dans de luxueuses villas décorées, comme le montrent les ruines de Pompéi, cité ensevelie en 79 par l'éruption du Vésuve. Les fresques, les fontaines, les mosaïques* agrémentaient le décor d'une vie dédiée à l'*otium***. Les petites gens s'entassaient en revanche dans des immeubles de plusieurs étages : les *insulae*. Celles-ci, inconfortables et mal construites, étaient souvent la proie des flammes. L'incendie de juillet 64 dévasta les quartiers les plus populaires de Rome.

La vie s'organisait dans les villes autour du commerce et de l'artisanat, dans les campagnes autour de la production des principales cultures méditerranéennes : le blé, la vigne et l'olivier pour l'huile. Le forum était le lieu central de la ville, où se concentraient les échoppes, les édifices publics et le marché. Le peuple se regroupait en associations ou collèges, souvent en rapport avec leur profession, pour prendre des repas en commun, montrer leur solidarité, et faire des sacrifices à leurs dieux protecteurs.

** Mosaïque : dessin représenté à l'aide de petits carreaux multicolores incrustés dans un ciment.*

*** Otium : le loisir, le repos. Les plus riches ne pratiquaient pas de métier et ne devaient pas travailler de leurs mains, car cela était dégradant.*

L'atrium d'une villa romaine

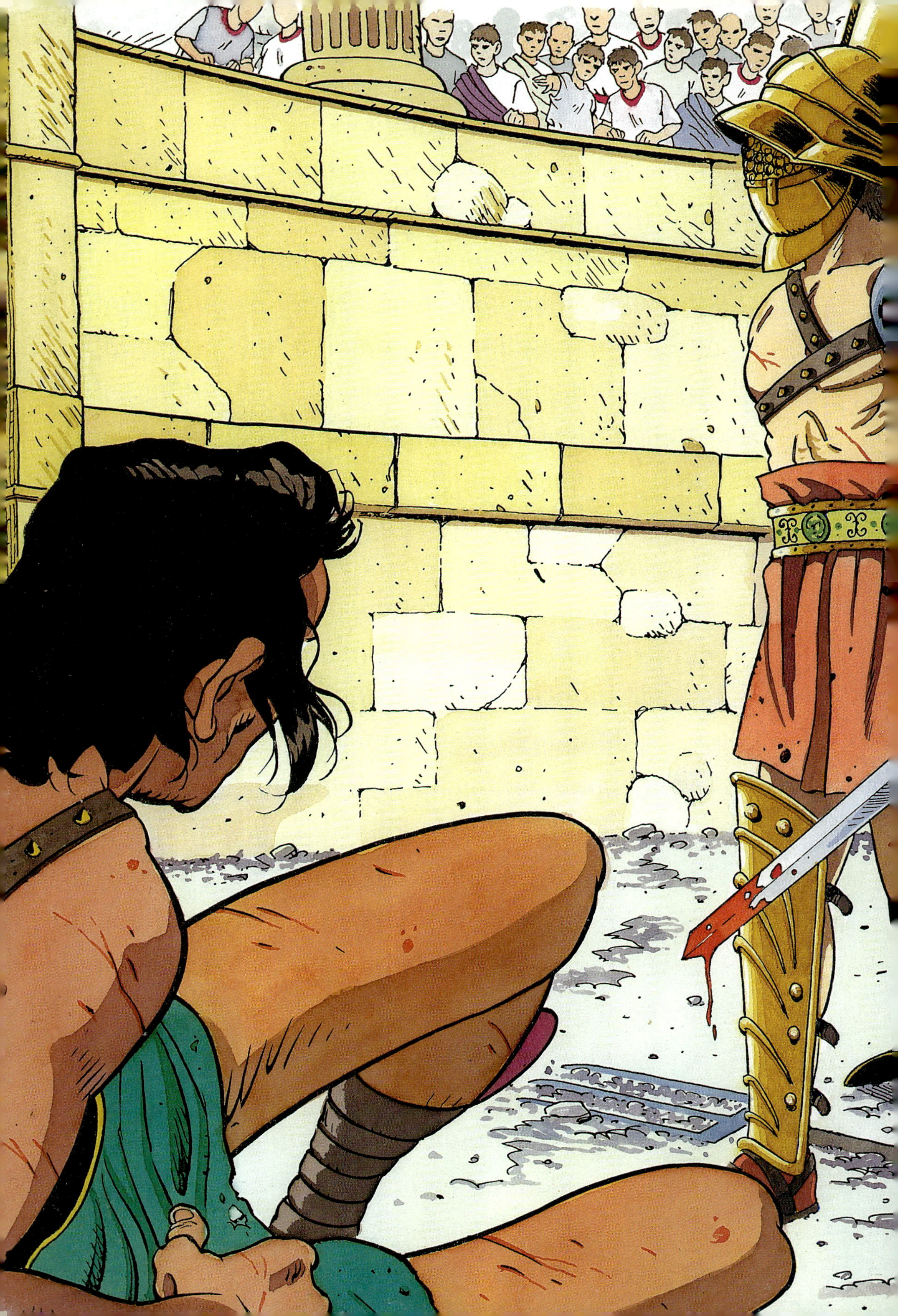

Les loisirs

La vie en ville s'organisait aussi autour des loisirs, l'*otium.* Le peuple réclamait souvent du pain et des jeux. En effet, les conditions de vie n'étaient pas très agréables, aussi les empereurs et les plus riches se devaient d'offrir des jeux pour distraire le peuple ou encore des dons en nature (blé, vin, huile) appelés sportules.

Les jours fériés étaient nombreux pour pouvoir assister aux jeux du cirque dans l'amphithéâtre ou aux représentations de théâtre et aux spectacles. Les plus populaires étaient les combats de gladiateurs mais aussi les courses de char où des paris étaient ouverts entre les différentes factions en lice qui portaient chacune leur couleur. À Rome, ces courses avaient lieu au *Circus Maximus* où pouvaient se masser plus de 250 000 spectateurs avides d'émotions fortes. Il y avait aussi les combats de fauves avec des condamnés (criminels, chrétiens...).

Après les jeux, certains allaient se délasser aux thermes, passant du *caldarium*, la salle chaude, au *frigidarium*, la salle froide. Les bains étaient une donnée essentielle de la vie des Romains. L'eau était apportée dans les villes par les aqueducs, dont le pont du Gard construit sous Auguste est un merveilleux exemple prouvant la maîtrise technique des Romains.

Combat de gladiateurs

Diane, Jupiter et Junon, divinités romaines

La religion des Romains

Les Romains étaient polythéistes, ils croyaient en plusieurs dieux. Leur religion était civique, elle était organisée officiellement et dirigée par l'Empereur et les prêtres de chaque divinité. Ils étaient également très tolérants avec les religions des peuples qu'ils avaient vaincus et ont d'ailleurs souvent adopté des dieux étrangers comme Isis, la déesse égyptienne. Ils ont cependant eu plus de mal avec les religions monothéistes, d'abord juive, puis chrétienne. Les juifs refusaient de rendre un culte à l'Empereur. Quant aux chrétiens, ils furent longtemps considérés comme une secte juive, qui

Prêtre dirigeant les cérémonies des cultes officiels

pouvait être dangereuse, car elle se développait dans les villes et chez les plus pauvres.

De nombreux chrétiens furent livrés aux bêtes fauves dans les amphithéâtres. Néron les fit accuser de l'incendie de Rome en 64. C'est pourtant cette religion qui peu à peu s'imposa et devint la religion officielle de l'Empire romain en 391.

Les chrétiens dans l'arène

La fin de l'Empire et l'héritage de Rome

Au IIIe siècle de notre ère, l'Empire connut de multiples crises : les armées se révoltèrent et se disputèrent le droit de nommer les empereurs.

Les attaques des ennemis aux frontières se firent plus fréquentes. L'économie était en crise. Deux empereurs efficaces, Dioclétien et Constantin*, réussirent à sauver l'Empire et à lui assurer quelques décennies de répit. Constantin donna d'ailleurs à la partie orientale une nouvelle capitale : Constantinople**.

L'Empire se partagea progressivement en deux. La partie occidentale subissait de plus en plus les attaques des peuples germaniques. Au milieu du IVe siècle, les Grandes Invasions*** commencèrent. Les Germains fuyaient un peuple

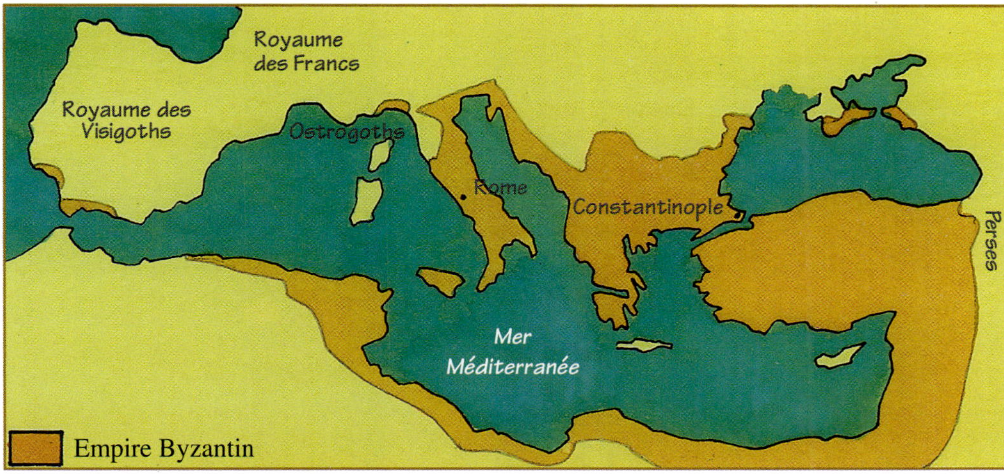

Les Royaumes Barbares

venu des steppes d'Asie : les Huns. Au Ve siècle, le roi des Huns, Attila, s'attaqua à la Gaule. La dernière armée romaine réussit à sauver la situation, mais l'Empire d'Occident ne supporta pas cette dernière épreuve et disparut en 476. En Orient, l'Empire continua : il est connu sous le nom d'Empire byzantin.

Les Barbares envahissent les terres fertiles de l'Empire

L'héritage de Rome est très important. Les langues dites latines, comme le français, l'italien, l'espagnol, le roumain, etc. sont toutes des filles du latin. La littérature latine, mais aussi le droit, l'organisation des armées sont autant de fondements des cultures européennes.

Quant aux villes ayant fait partie de l'Empire romain, elles présentent encore de nombreux vestiges de cette civilisation restée très présente.

** Dioclétien (284-305), Constantin (312-337).*

*** Constantinople. Cette ville grecque était auparavant connue sous le nom de Byzance. Elle fut fondée par Constantin en 330. Il s'agit de l'actuelle Istanbul.*

**** Grandes Invasions, (env. 375-440) : les peuples germains s'installent dans l'Empire romain d'Occident après l'avoir souvent ravagé.*

Imprimé par Pollina Luçon 85
n° d'impression : L4006F
Imprimé en France